KB054876

온실 효과, 어떻게 막을까?

민음 바칼로레아 044

온실 효과,
어떻게 막을까?

로제 게느리 ǀ 이동규 감수 ǀ 이수지 옮김

민음in

차례

● 일러두기

1 본문 가장자리에 있는 사과 🍎 는 이 책을 통해 반드시 이해해야 하는
핵심 개념을 표시한 것입니다.

2 본문 아래쪽의 주는 독자들이 본문 내용을 쉽게 이해할 수 있도록 한국어판에 특별히 붙인 것입니다.

3 인명 및 지명 표기는 한글 맞춤법 통일안 및 외래어 표기 규정을 따랐습니다.

4 본문에 사용한 부호 및 기호의 뜻은 다음과 같습니다.

— 전집, 단행본: 『　』

— 신문, 잡지: 《　》

— 개별 작품, 논문, 기사: 「　」

질문 : 온실 효과, 어떻게 막을까?

  몇 년 전부터 전 세계는 온실 효과에 대한 이야기로 떠들썩하다. 그런 가운데 몇몇 선진국들이 나서서 역사상 처음으로 세계적인 환경 정책 협약을 맺어 지구 환경을 지키자는 데 뜻을 모았고, 그에 따라 1997년에 **교토 의정서**˚가 체결되었다. 교토 의정서는 여러 가지 면에서 세계화 시대에 따른 다국적 협력의 본보기라고 할 수 있으며, 그만큼 야심만만한 계획이라고도 할 수 있다. 그러나 미국이 돌연히 탈퇴함으로써 이 협약

● ● ●

교토 의정서 1997년 12월 유엔 기후 변화 협약 회의에서 각국의 온실 기체 삭감 목표를 구체적으로 제시한 국제 협약이다.

은 심각한 위기를 맞게 되었다. 설상가상으로 교토 의정서에 반대하는 사람들의 목소리도 점차 커졌다.

그렇다면 현재 지구의 기후는 어느 정도의 위기를 맞고 있을까? 또 국제적인 차원에서 어떻게 협력해야 이 문제에 대응할 수 있을까? 과연 교토 의정서는 이 문제를 해결할 수 있는 알맞은 방안일까? 교토 의정서가 부적합하다면 이것을 대체할 수 있는 방안은 무엇일까?

이러한 의문들은 책을 읽는 동안 계속해서 언급될 것이다. 그러나 여기에서는 이 질문들을 모두 다루기보다는 교토 의정서처럼 온실 기체 배출을 제한하는 정책이 과연 어떤 대가를 치러야 하는지에 대해서 집중적으로 조명해 보고자 한다. 또한 교토 의정서를 지지하는 사람들과 반대하는 사람들 간의 격렬한 대립의 원인을 근본적으로 밝혀내고, 지구 환경을 되살리는 방안을 함께 고찰해 볼 것이다.

1

온실 효과란
무엇일까?

온실 효과는 왜 생기는 것일까?

온실이란 일반적으로 식물이 자라는 데 필요한 온도나 빛, 습도 등을 인공적으로 조절할 수 있도록 만든 건축물이다. 온실의 장점은 일 년 내내 주변 기온에 상관없이 농산물을 생산할 수 있고 특수 농작물의 재배도 가능하다는 것이다.

온실에서 채소를 재배하는 사람들은 온실이 "열을 보존한다."고 말한다. 더 과학적으로 말하면 온실이 '태양의 복사열*을 가둔다.' 고 해야 할 것이다.

● ● ●

복사열 열복사로서 방출된 전자기파가 물체에 흡수되어 그 물체를 뜨겁게 하는 에너지다. 지구가 태양으로부터 받는 열이나 적외선 등이 여기에 속한다.

놀라운 것은 이와 같은 **온실 효과**가 지구를 둘러싸고 있는 거대한 대기를 통해서도 나타난다는 것이다. 대기는 태양에서 복사되는 단파장을 거의 통과시켜 지표면까지 도달하게 한다. 그렇지만 지표면에서 방출되는 복사열은 파장이 길기 때문에 대기 중에 있는 수증기나 이산화탄소, 오존 등에 대부분 흡수되거나 다시 지표면으로 방출된다. 그로 인해 지표면과 지표면에서 가까운 하층 대기의 온도가 상승하게 되고, 자연적으로 '태양의 복사열을 가두는' 온실 효과가 나타나게 된다.

사실 온실 효과로 나타나는 여러 가지 기상 이변들에 대해 사람들은 매우 부정적으로 생각한다. 하지만 온실 효과가 우리가 생각하는 것처럼 그렇게 부정적인 면만 있는 것은 아니다. 만약 온실 효과가 없다면 지구의 평균 기온은 현재보다 훨씬 낮아져서 영하 18도 정도까지 떨어질 것이다. 이 경우 따뜻한 봄이나 무더운 여름은 아예 기대할 수 없게 된다.

온실 효과는 대기 중에 **온실 기체**가 얼마나 많은가에 따라 그 정도가 달라진다. 교토 의정서에서 규정한 6가지 온실 기체는 탄산가스라고도 불리는 이산화탄소(CO_2), 메탄(CH_4), 아산화질소(N_2O), 수소화불화탄소(HFC), 불화탄소(PFC), 불화유황(SF_6)이다. 바로 이 기체들이 태양의 복사열을 흡수하여 대기의 온도를 상승시키는 것이다.

온실 기체로 인한 '특수한 온난화 현상' 또한 대기 중에 있는 온실 기체의 농도에 따라 달라진다. 그런데 온실 기체마다 수명이 제각기 달라서 그 효과가 일시적으로 나타나기도 하고 오랜 시간 지속되기도 한다. 온실 효과를 지속시키는 시간으로 따져 볼 때 온실 효과의 주범으로 이산화탄소와 메탄을 꼽을 수 있다. 그중에서도 지구 온난화에 가장 큰 영향을 끼치는 온실 기체는 이산화탄소이다. 대기 중에 방출된 메탄 분자 50개가 사라지는 데는 10여 년이 걸리지만 같은 양의 이산화탄소가 사라지는 데는 100년 이상의 시간이 필요하기 때문이다.

앞에서 말했다시피 온실 효과가 그다지 해롭지도 않을 뿐만 아니라 지구의 대기 온도를 적당하게 유지하는 데 꼭 필요한 것인데도 오늘날 사람들이 그토록 온실 효과를 두려워하고 경계하는 이유는 무엇일까? 그것은 바로 그 정도가 지나치게 심해지고 있기 때문이다.

대기 중에 있는 기체의 농도는 일반적으로 전체 부피의 100만 분의 1에 해당되는 ppmv라는 단위로 나타내는데, 19세기 이후 이산화탄소 농도는 280ppmv에서 370ppmv로 자그마치 30퍼센트 이상이 증가했다. 메탄의 경우는 더 심각하다. 이와 같은 현상은 지구가 생긴 이래 처음 있는 상황은 아니지만, 그 농도가 위험할 정도로 높은 것은 사실이다. 현재의 이산화탄소와 메탄의 농도는 약 40만 년 전의 농도와 거의 같은 수준이다. 이산화탄소의 농도가 지금보다 더 높았던 시기는 인류가 출현하기도 전인 수백만 년 전으로 추정된다.

무엇보다 놀라운 것은 온실 기체의 농도보다 그것이 증가하는 속도다. 수백만 년 동안 비교적 일정하던 온실 기체의 농도가 불과 두 세기에 걸쳐 급격하게 늘어났기 때문이다.

온실 효과는 누구의 책임일까?

온실 기체의 농도가 증가하기 시작한 것은 18세기 말엽 산업 혁명●이 일어난 시기부터다. 물론 온실 기체의 농도가 증가한 것이 꼭 산업 활동에 의한 것만은 아니다. 산업의 발달과 더불어 농업에서도 경작지가 늘어나고 소와 같이 되새김질을 하는 가축이 대량으로 사육됨으로 인해 메탄 방출량이 증가하게

● ● ●

산업 혁명 18세기 후반에 영국에서 시작된 기술 혁신과 이에 수반하여 일어난 사회와 경제 구조의 변혁을 말한다. 농업 중심의 사회 구조가 물질적 재화 생산에 자원을 광범위하게 이용하는 조직적 경제 과정 중심의 공업 사회로 이행되는 시발점으로 본다.

되었다. 그러나 무엇보다 산업 혁명으로 인해 우리의 생산 방식과 생활양식이 크게 변하였고, 그에 따라 온실 기체 배출량도 이전과 비교할 수 없을 정도로 급격하게 늘어났다고 볼 수있다. 아무튼 이 모두가 인간의 생산 활동으로 인해 비롯되었다는 것은 분명한 사실이다.

특히 이산화탄소의 배출이 증가한 이유는 **화석 연료** 사용이 크게 늘어났기 때문이다. 대표적인 화석 연료라 할 수 있는 석탄, 석유, 천연가스는 산업이나 일반 가정의 주 에너지원이다. 자동차나 기차와 같은 운송 분야에 이용되는 에너지도 주로 화석 연료에서 만들어진다. 현재 프랑스의 이산화탄소 배출량 중 22퍼센트가 산업 분야에서 비롯되고, 18퍼센트가 에너지 생산 분야, 34퍼센트가 운송 분야, 26퍼센트가 가정 및 농업 분야에서 비롯된다.

온실 효과의 책임이 누구에게 있는지 가려내는 것은 아무런 의미가 없다. 바로 모든 사람의 책임이기 때문이다. 우리가 사용하는 수많은 물건들이 산업 활동을 통해 만들어지고 있으므로, 우리도 간접적으로 온실 기체 배출에 한몫을 한다고 할 수있다. 샤워를 하기 위해 따뜻한 물을 쓰고, 자동차를 타고 다니며, 여름과 겨울에 냉난방 시설을 이용하면서 직접적으로 온실 기체의 배출량을 늘리기도 한다. 이런 개개의 배출량이 합쳐져 지구 환경에 어마어마한 영향을 미치는 것이다. 프랑스에서는 국민 한 명당 매년 6.25톤의 이산화탄소를 대기에 배출한다. 이산화탄소(CO_2)는 한 개의 탄소(C)와 두 개의 산소(O_2)로 이루어져 있는데 탄소의 질량수가 12.011이고 산소의 질량수가 15.999이기 때문에 이산화탄소에 포함된 탄소의 비율은 $\frac{12}{12+16+16} = \frac{12}{44}$ 가 된다. 즉 이산화탄소 1톤마다 $\frac{12}{44}$ 의 탄소가 포함되어 있으므로 평균 1.7톤의 탄소를 배출하는 셈이다.

배출량을 측정하거나 배출량에 세금을 부과하기 위해서는 위와 같이 이산화탄소에 들어 있는 탄소의 양을 톤으로 헤아린다. 이 책에서도 이산화탄소에 들어 있는 탄소의 양을 톤으로 나타낼 것이다. 실제로 우리는 탄소세라는 말은 쓰지만 이산화탄소세라는 말은 쓰지 않기 때문이다.

위에서 말한 1.7톤이라는 탄소의 양을 부피로 계산하면 얼마나 많은 양인지 알 수 있을 것이다. 유럽 전체의 평균 탄소 배출량은 프랑스 평균보다도 높은 2.3톤이다. 이 차이의 이유는 유럽 다른 나라들에 비해 프랑스가 원자력 에너지를 많이 이용하기 때문이다. 원자력은 그 안전성 때문에 강력한 반발을 사기도 하지만 탄소를 배출하지 않고 에너지를 생산하는 효율적인 방법 가운데 하나라고 할 수 있다.

미국인들은 국민당 6톤의 탄소를 배출하는 높은 기록을 보유하고 있다. 미국의 경제 성장은 에너지 소비에 따라 크게 달라지는데, 정치적인 합의에 의해 지금까지 에너지의 가격이 낮게 유지되고 있어서 그 소비량이 훨씬 많다.

반면 개발도상국의 에너지 소비는 훨씬 낮은 편이다. 예를 들어 인도인 한 명이 매년 400킬로그램 미만의 탄소를 배출하는 정도다. 그러나 계속 이렇게 낮지만은 않을 것이다. 개발도상국은 앞으로도 계속 발전해 나갈 것이며, 그에 따라 에너지 소비도 증가할 것이다. 현재 가난한 나라들이 배출하는 탄소의 양은 부유한 나라들이 배출하는 양의 3분의 1밖에 되지 않지만 전문가들은 2020년과 2030년 사이에 부유한 나라들의 배출량을 추월할 것이라고 예상하고 있다.

지구의 평균 기온이 정말로 높아지고 있을까?

20세기 초에 화학자이자 물리학자인 아레니우스*가 최초로

• • •

아레니우스(1859~1927) 스웨덴의 화학자이자 물리학자. 이온화설, 화학 반응 속도 및 면역 화학의 이론, 오로라의 기원 등 화학, 우주 물리학, 지구 과학과 같은 여러 방면에 큰 업적을 남겼다. 1903년에 전리설을 발표하여 노벨 화학상을 받았다.

온실 기체에 따른 기후 변화에 대한 가설을 내놓았다. 온실 기체의 농도가 높아지면 지구와 우주 사이에 열을 주고받는 방식이 달라져서 결국 지구의 기후도 달라질 것이라는 내용이었다.

오늘날에는 온실 효과의 원리와 온실 기체의 역할에 대해 대부분의 사람들이 같은 의견을 가지고 있다. 즉 온실 기체 때문에 지구의 평균 기온이 점점 올라간다는 것이다. 지난 천 년 동안의 온도 변화에 비추어 볼 때, 20세기에 들어서면서 지구의 평균 기온이 0.5~0.8도 상승한 원인으로 온실 기체 외에는 다른 이유를 찾기가 어렵다.

그러나 오늘날의 기후 변화가 정말로 온실 기체 때문인지는 여전히 논란이 되고 있다. 지구의 기온은 대개 지구 자전축 경사의 변동이나 태양 활동의 변화 등으로 인해 주기적으로 변하곤 한다. 이런 원인들로 인해 어느 정도의 영향을 받는지를 먼저 밝혀야 온실 효과만의 몫을 알아낼 수 있을 것이다.

오늘날 온실 기체의 증가가 지구의 평균 기온 상승에 얼마나 큰 영향을 끼치는지 과학적으로 증명해 내기란 매우 어렵다. 지구의 평균 기온이 전체적으로 고르게 높아지는 것도 아니고 강수량의 변화, 계절에 따른 낮과 밤의 기온 차이 등 다양한 기후 현상들이 수치와 함께 정확히 보고되는 것도 아니기 때문이다. 따라서 현재의 온실 기체 농도와 **엘니뇨 현상**˚과 같이 최근에 일어난 이상 기후 현상 간의 관계는 더욱더 불확실하다.

이미 일어난 변화를 두고 그 원인과 관계성을 알아내기란 매우 어렵다. 마찬가지로 미래에 대해서도 정확히 예측할 수 없으며, 먼 미래인 경우에는 더욱 예측이 불가능해진다. 가령 대기 중 이산화탄소 농도가 산업 혁명 이전의 농도에 비해 2.5배가 증가하면 이것이 기후에 어떤 영향을 미칠까? 막연한 추측이나 단편적인 수치 계산으로는 그 결과도 정확하지 않을 뿐 아니라 다른 물리적 환경에 의한 영향도 만만치 않다.

기후학자들은 이런 질문에 대답하기 위해 대규모 **기후 모델**˙ 들을 개발했다. 이 기후 모델들은 물리학의 기초 법칙을 토대로 하여 육지, 바다, 대기 간에 열이나 기체가 어떻게 오가는지를 나타내고 있다. 이러한 교류는 경제 활동과 관련된 특정 가

● ● ●

엘니뇨 현상 태평양 페루 부근 적도 해역의 해수 온도가 섭씨 2~6도 정도 높아지는 현상이다. 보통 2~6년마다 한 번씩 불규칙하게 나타난다. 엘니뇨 현상이 나타나면 적도의 난류가 동쪽으로 반류하여 페루 부근에는 호우가 발생하고, 반대편 서부해에는 큰 가뭄이 발생한다. 엘니뇨 현상은 지구의 기상 이변을 일으키는 한 요인이다.
기후 모델 전 지구상의 대륙과 해양을 격자 블록으로 분할한 뒤 기온, 수증기, 바람 등 변수의 시간에 따른 변화를 고려하여 대입시킴으로서 기후의 변화를 추정하는 수리 모델. 기후 예측 모델이라고도 한다.

스의 배출량에 따라 온실 기체의 농도를 변하게 하며, 지구의 평균 기온에도 많은 영향을 끼친다. 온실 기체가 똑같이 배출된다고 해도 다양한 환경으로 설정한 모델에 따라 그 결과는 달라진다.

온실 효과를 전문으로 연구하는 국제 기구인 '기후 변화에 관한 정부간 패널'●은 앞서 말한 온실 기체의 농도 증가로 인해 2100년에는 지구의 평균 기온이 약 2.7도~4.7도 정도 상승할 것이라고 발표했다. 기술적으로 오차가 생겨 수치가 약간 변할 수는 있지만 상황이 크게 달라지는 것은 아니다. 미국 과학 아카데미●에서도 이와 같이 얻어진 결론이 과학적으로 어느 정도 타당성이 있다고 보았다.

● ● ●

기후 변화에 관한 정부간 패널(IPCC, Intergovernmental Panel on Climate Change) 1988년 유엔 환경 계획(UNEP)과 국제 기상 기구(WMO)의 후원을 받아 기후 변화의 위험을 과학적으로 검토하기 위하여 설치되었다.

미국 과학 아카데미(National Academy of Sciences) 매사추세츠 주 케임브리지 대학교의 과학자 모임을 모태로 구성된 미국 해군 산하의 과학 위원회를 주축으로 해서 연방 의회와 링컨 대통령의 승인을 거쳐 1863년에 창설되었다. 국가 발전을 도모하는 목적으로 과학 분야의 연구와 조사를 위해 설립되었으며, 미국 정부 각 부처에서 요구하는 과학과 기술 문제에 대해 연구와 조사 및 실험을 하고 그 결과를 알리는 일을 한다.

여기에서 우리는 지구의 평균 기온이 3~4도 정도 상승한다는 사실에 주목해야 한다. 이 정도의 기온 변화는 기후 변동이라고도 볼 수 있다. 현재 기온보다 평균 온도가 5도 정도 낮았던 15,000년 전 지구의 기후는 지금과 아주 달랐다. 그 당시 유럽은 얼음으로 뒤덮여 있었다. 지구의 평균 기온이 3~4도 정도 올라간다고 가정할 때 지구가 얼마나 뜨거워질지 상상해 보라!

온실 효과는 기후에 어떤 영향을 미칠까?

이 문제에 대해서는 여러 방향에서 접근해 볼 수 있다. 우선 가까운 미래에 일어날 수 있는 상황을 생각해 보자. 온실 효과가 기후에 미치는 영향이 어느 정도일지 정확히는 알 수 없지만 어쨌든 한계는 있을 것이다. 물론 이 말은 그 영향이 대단치 않을 것이라는 뜻은 아니다.

1999년 프랑스에서 발생한 폭풍우를 떠올려 보자. 이 폭풍우는 기상학자들이 '기상천외한 현상'이라고 부를 만큼 엄청난 피해를 불러일으켰다. 기후 모델에 의하면 이런 현상은 앞으로 더욱 심해질 것으로 보인다. 그러나 이런 예측을 확실히

할 만한 증거를 찾기가 쉽지 않다. 예측을 뒷받침해 줄 증거를 찾으려면 그런 현상을 여러 번 관찰해야 하는데, 기상천외한 현상이 워낙 드물게 나타나기 때문이다.

온실 효과가 기후에 영향을 미치는 데 한계가 있다는 것이 큰 손해가 발생하지 않는다는 뜻은 아니다. **지구 온난화**로 인해 극지방의 얼음이 녹고, 그로 인해 해수면이 상승하면 네덜란드나 방글라데시처럼 지면과 해수면이 비슷한 지역은 부분적으로 물에 잠길 수도 있다. 또한 환경 변화에 잘 견디지 못하는 대형 산호초는 해수면 상승과 함께 영원히 사라질 수도 있을 것이다.

이렇듯 기후가 변하는 것이 일시적인 현상일 뿐인지 아니면 앞으로도 끊임없이 변할 것인지, 또 우리에게 유익한 점도 있을 것인지 아니면 위험하기만 할 것인지 명쾌하게 말할 수조차 없다.

멀리까지 생각해 보면 위험은 여러 가지 형태로 찾아올 수 있다. 전문가들은 그처럼 위험한 상황이 정말로 발생할 것인가에 대해서는 분명한 답을 주지 않고 그저 '이변'이 생길 수도 있다고 말한다. 예를 들어 1997년 인도네시아에서 발생한 대규모 산불 때문에 생긴 동남아의 연무 현상을 들 수 있다. 원래 인도네시아 산림 지대는 열대성 강우가 자주 내려 화전민들이

온실 효과는 '기상천외한 현상'이라고 부를 만큼
엄청난 기상 이변을 일으키는 원인이 되기도 한다.

불을 놓더라도 금방 꺼졌다. 하지만 이상 기온으로 더운 해수를 따라 강우대가 동태평양 쪽으로 옮겨 가는 바람에 오랜 가뭄 현상이 나타났고, 이 때문에 대형 산불로 번지게 된 것이다.

이뿐 아니라 지구 전체의 기온은 올라가는 반면에 유럽의 기온은 오히려 내려가는 이변이 예상되기도 한다.

기후를 다시 되돌릴 수 있을까?

온실 기체의 증가가 기후에 미치는 영향을 정확히 알 수 없다면 그로 인해 발생할 피해를 예상하기란 더욱 어렵다. 물론 농업 생산량의 감소나 자본의 손실 등은 어느 정도 예상할 수 있다. 하지만 앞으로 일어날 많은 변화 때문에 아프리카와 아시아 일부 지역의 사람들은 새로운 삶의 터전을 찾아 살던 곳을 떠나야 할 수도 있다. 그러한 이주로 인해 나타나는 결과나 환경의 손실을 가늠할 수 있을까? 또한 기후 난민°의 고통과 그들을 받아 주는 사회의 어려움을 과연 가늠할 수 있을까?

우리는 온실 효과가 기후에 미치는 영향과 피해에 대해 정확하게는 알지 못한다. 하지만 중요한 것은 우리가 얼마나 아는가 혹은 그 피해가 어느 정도인가를 떠나서 자연을 다시 본래의 상태로 되돌릴 수 없다는 점이다.

사실 대기 중에 있는 온실 기체의 농도를 다시 줄이기는 힘들 것이다. 솔직히 말해서 상황은 거의 바뀌지 않을 것으로 보인다. 왜냐하면 당장 온실 기체를 만드는 주범이라 할 수 있는 화석 연료를 사용하지 않는다면 우리는 자전거와 돛단배를 타고, 땔나무로 요리하던 시절로 되돌아가야 하기 때문이다. 설사 그렇게 한다고 해도 이산화탄소의 농도가 산업 혁명 이전 수준으로 되돌아가는 데는 수백 년이 걸릴 것이다.

대기 중 온실 기체의 농도가 증가하는 현상을 되돌릴 수 없는 것처럼 기후도 되돌릴 수 없다. 한번 기후가 변하면 아무리 대기가 이전 상태로 되돌아간다고 해도 바뀐 기후는 쉽게 달라지지 않기 때문이다.

이렇게 한번 변하면 되돌릴 수 없는 기후의 성질은 기후 변화가 가져오는 위험을 예측하는 데 있어서도 매우 중요하다. 그 예측 기준은 경제가 될 수도 있고, 윤리나 형이상학이 될 수도 있을 것이다.

● ● ●

기후 난민 기상 이변으로 인한 환경 파괴로 생겨나는 난민. 점차 진행되어 가는 지구의 사막화나 예기치 못한 가뭄, 홍수, 해일 등으로 생활 터전을 잃어버린 사람들이 매년 수십만 명에서 수백만 명에 달하며, 그 수는 더욱 증가하고 있다.

경제를 기준으로 생각할 경우에 만약 다른 아무런 조치를 취하지 않는다면 우리는 온실 기체 농도를 제한하는 규칙을 피할 수 없다. 온실 기체의 농도가 점점 증가하고 있다는 사실이 알려짐에 따라 그것을 제한해야 할 필요성도 대두되었으며, 이제 우리는 다른 선택의 여지가 없게 되었다.(선택의 여지가 있다는 것은 하나의 가치를 지니며, 이 가치를 참고해서 경제적인 계산을 할 수 있다. 이러한 가치를 '선택의 가치'라고 한다.)

한편 윤리가 기준이 된다면 우리는 다음과 같은 질문을 할 수 있을 것이다. 우리의 후손들에게 훼손된 기후를 물려주어도 되는 것일까? 우리에게 그럴 권리가 있는가?

형이상학적 기준에 따른 의문도 생겨날 것이다. 피해가 어느 정도일지도 모른 채 지금과 같은 변화를 지켜보고만 있어도 될까? 다음 세대에 노아의 대홍수 같은 재해가 닥쳐도 괜찮다는 것인가?

2

온실 효과를
어떻게 막을까?

교토 의정서란 무엇인가?

오늘날 우리는 2세기 전부터 시작된 대기 중 온실 기체의 증가 현상을 충분히 인식하고 있으며, 그에 대한 책임이 우리 모두에게 있다는 것도 알고 있다. 이러한 자각으로 인해 체결된 교토 의정서는 지구 환경에 대한 다국적 협력의 첫걸음이라는 커다란 의미를 가지고 있을 뿐 아니라 실제로도 기후 정책을 전 세계적으로 최대한 빨리 실행에 옮길 수 있도록 이끌어 주는 중요한 역할을 하고 있다. 이에 맞서 교토 의정서의 방안이 아직 때 이른 것이라고 하는 의견도 일부 있다. 그러나 오늘날 온실 효과의 심각성을 놓고 볼 때 교토 의정서는 오히려 늦은 편이라고도 볼 수 있다.

교토 의정서는 1997년 교토에서 채택된 이후 헤이그, 본, 마

라케시 등지에서 개최된 회의를 통해 그 형식이 보다 체계적으로 갖춰졌다. Annex-I 국가[*]로 분류된 38개국의 이른바 잘사는 나라들은 서로 협약을 맺고, 각자가 2008~2012년까지 달성해야 할 목표를 정했다. 즉 온실 기체 배출량을 1990년을 기준으로 해서 5퍼센트 정도씩 줄이는 것이다.

처음에 교토 의정서는 온실 기체 배출량을 어느 정도 줄일 것인지 제각기 정하도록 했다. 각 나라가 목표량을 정하고 그에 대해 책임을 지는 것이다. 이 방안은 각 나라가 주어진 만큼만 노력하면서도 전체적으로 온실 기체 배출량을 줄일 수 있다는 장점이 있다.

하지만 교토 의정서는 유연성이 너무 부족하여 다양한 상황에 대처하기 어려운 것이 단점이다. 예를 들어 정책을 실행하는 데 있어서 생각보다 불편한 점이 많아 사람들의 반발이 심하면 어떻게 대응할 것인가? 가령 일을 하면서 온실 기체를 많이 방출할 수밖에 없는 운송 업체들이 강력해진 규제에 반대하여 파업을 하면 어떻게 대응해야 할까?

● ● ●

Annex-I 국가 OECD 회원국 27개국과 동구권 11개국을 포함해 모두 38개국이다. 참고로 한국은 Non-Annex 국가 그룹에 속해 있기 때문에 온실 기체 배출량을 강제로 정할 필요는 없다.

교토 의정서의 방안들이 실행될 때 가장 먼저 갖춰져야 할 원리는 유연성이다. 따라서 이 장에서는 그중 가장 중요하다고 할 수 있는 배출 할당량 교환에 대해 집중적으로 살펴보고자 한다.

배출권 시장은 어떻게 만들어졌을까?

배출 할당량 교환이란 국가마다 정해진 온실 기체 배출량을 서로 교환하거나 협상할 수 있다는 것이다. 다시 말해서 어느 나라에서 온실 기체 배출량을 목표로 한 것보다 더 많이 줄였다면 그 남은 만큼의 온실 기체 배출량을 목표량보다 많이 배출한 나라에 팔 수 있다. 즉 배출 허가증이라고 할 수 있는 것을 협상하는 시장이 만들어진 것이라고 보면 된다.

배출권 시장은 국가가 기업에게 허가증을 판매하거나 국가와 국가 사이에 허가증을 사고파는 등의 방식으로 운영될 수 있다. 물론 이 밖에도 다양한 거래 방식이 나올 수 있다. 그러나 그 어떤 경우라도 배출권을 교환할 때는 같은 가격이 적용되어야 한다. 이에 따라 국제 탄소 가격이라는 것이 만들어졌다. 물론 여기서 말하는 탄소란 이산화탄소의 형태로 대기 중

교토 의정서로 인해 야기될 산업계의 문제를 해결하기 위해 국가마다
정해진 온실 기체 배출량을 서로 교환하거나 협상할 수 있는 '배출권 시장'이 등장하게 되었다.

에 배출되는 탄소를 뜻한다.

이 제도에 대한 찬성과 반대 입장은 뒤에서 살펴보겠지만 우선 여기에서는 국제적인 배출권 시장이 생겨나면서 다른 중대한 변화들도 함께 생겨났다는 것만 밝히고자 한다. 그런 독특한 시장이 처음 생겨났기 때문이 아니라 그 시장의 규모가 너무나 크기 때문이다. 즉 시장 거래가 특정 국가 내에서만 이루어지는 것이 아니라 교토 의정서 영역을 구성하는 국가들의 주요 산업들이 모두 연관되어 있는 것이다.

도중에 교토 의정서 회원국에서 주축이라고 할 수 있는 미국이 탈퇴하기는 했지만 이 협약이 무효가 되지는 않았다. 2004년에 러시아가 동의한 덕분에 다시 협약에서 필요로 하는 국가의 수와 배출 할당량이 채워졌기 때문이다.

이에 따라 2005년 2월 16일부터 교토 의정서가 효력을 발휘하게 되었다. 교토 의정서에 의거해 온실 기체 배출량을 얼마나 줄일 것인지 공동으로 목표를 정하였으며, 정해진 양을 회원국마다 다르게 재분배했다. 온실 기체 배출량이 적은 프랑스는 예전의 배출량을 계속 유지하기로 했다.

에너지를 더 효율적으로 쓸 수는 없을까?

대기 중 이산화탄소 배출량을 줄이기 위해서는 우선 '에너지 효율성'이라는 것을 개선해야 한다. 더 적은 양의 에너지로 더 많은 결과와 이익을 얻어 내야 한다는 것이다. 에너지를 절약하는 방법으로는 각종 기계 작동 및 자동차 연료 소비를 줄이는 것부터 시작해서 여러 가지가 있다. 집을 지을 때 열이 새어 나가지 않도록 단열 처리를 잘해서 연료를 아끼는 것도 그중 하나일 것이다.

에너지 효율성에 따른 이러한 관심이 특별히 새로운 것은 아니다. 1973년부터 1974년 사이에 일어난 첫 석유 파동* 이후 만들어진 에너지 정책도 이에 해당하기 때문이다. 사실 유럽에서는 에너지 효율성이 계속해서 개선되고 있다. 매년 같은 양의 재화를 생산하는 데 더 적은 양의 에너지를 쓰기 위해 노력하고 있는 것이다. 그러나 인구 증가로 생산량이 계속 증가

● ● ●

석유 파동 1973~1974년과 1978~1980년에 두 차례에 걸쳐 일어났다. 아랍 석유 수출국 기구(OAPEC)와 석유 수출국 기구(OPEC)에서 원유의 가격을 인상하고, 원유 생산을 제한함으로 인해 석유를 수입하여 소비하는 국가들은 물론 전 세계적으로 큰 혼란이 일어난 사건을 말한다.

하기 때문에 전체 에너지 소비량도 결국 증가하게 될 것이다. 따라서 에너지 소비를 줄이려면 지금의 방법만으로는 부족하다.

에너지를 절약하는 것도 중요하지만 이산화탄소를 많이 발생시키는 에너지원들을 이산화탄소를 발생시키지 않거나 덜 발생시키는 에너지원으로 바꾸려는 노력이 필요하다. 이러한 대체 에너지 사용은 전기 생산의 경우를 통해 설명할 수 있다. 화력 발전소에서 석탄 대신 천연가스를 연료로 하는 가스 터빈으로 교체를 하면 이산화탄소 배출량을 줄이면서 같은 양의 전기를 생산할 수 있는 것이다. 또한 원자력 발전소,* 태양 발전소, 풍력 발전소, 조력 발전소,* 댐과 방조제 등에서도 이산화탄소를 거의 배출하지 않고 전기를 만들기 때문에 이들의 활용도를 높이는 것이 좋은 대안이 될 수 있다.

그러나 어떤 해결 방안이든 많은 제약에 부딪히게 된다. 첫째로 희귀성에 의한 제약이다. 프랑스에서는 수력 또는 조력

●●●

원자력 발전소 원자핵이 붕괴할 때 생기는 열에너지를 동력으로 전기를 얻는 발전소다. 원자로 안에서 원자핵의 붕괴나 핵반응 결과로 방출되는 에너지를 증기로 만들고 이것을 터빈으로 돌려서 발전한다.
조력 발전소 조수 간만, 즉 밀물과 썰물로 인한 수위차를 이용하여 전기를 얻는 발전소다. 간만의 차이가 심해야 하므로 지역적으로 한정된 장소에만 적용할 수 있는 발전소다.

전기를 생산하기 위해 대형 댐을 건설할 만한 장소가 더 이상 남아 있지 않다. 2차 세계 대전 이후 웬만한 장소는 모두 개발되었기 때문이다.

둘째, 비용에 따른 제약도 있다. 고갈되지 않는 자원으로 만들어진 에너지는 미래를 위해 연구할 가치가 있지만, 지금 대규모로 연구하기에는 너무 많은 비용이 든다.

사람들의 우려가 해결 방안들을 제한하기도 한다. 실제로 많은 유럽 국가들이 핵폐기물을 처리하기 어렵다는 이유로 원자력 발전소 건설을 꺼리고 있다.

대체 에너지들은 어느 것이든지 간에 앞에서 거론한 제약들 가운데 한 가지에 부딪히게 된다. 다시 말하면 기적적인 해결책은 없다는 뜻이다. 따라서 교토 의정서가 정한 목표량을 달성하려면 에너지 효율성 개선과 에너지의 탈탄소화를 동시에 꾀해야 할 뿐 아니라 모든 분야에서 종합적인 행동 방안을 마련해야 할 것이다.

탄소 배출량을 얼마나 줄일 수 있을까?

온실 효과를 억제하기 위한 종합적인 행동 방안을 실행할 때 치러야 할 대가 또한 만만치 않을 것이다. 어떻게 하면 우리가 치러야 할 대가를 최소한으로 줄일 수 있을까?

각 국가와 그 국가 안에 있는 수십만 개의 기업체, 수천만 가구가 실천할 수 있는 구체적인 방법들을 일일이 찾아내는 것이 가장 이상적인 방안일 것이다.

우선 비용을 기준으로 살펴보도록 하자. 겉으로는 간단한 문제 같지만 사실 결과는 예측하기가 어렵다. 여기에서의 비용은 그저 들어오고 나가는 돈을 따져서 셈하는 것도 아니고, 협의에 따라 나타낼 수 있는 경제적 비용도 아니다. 이 비용은 원자력 발전소를 건설할 때의 예처럼 만장일치로 답을 내리기 힘든 사회 경제적 비용이다.

비용에 따른 문제를 살펴본 다음에는 각 행동 방안이 어떠한 효과를 가져올지 알아보아야 한다. 이것은 탄소 배출량을 얼마나 줄일 수 있을 것인가로 평가한다. 즉 감축된 탄소 1톤당 드는 비용에서 그 방안의 효율성이 나타난다.

그렇게 해서 필요한 정보를 얻으면 이제 그것을 종합해서 분석하는 일이 남게 된다. 앞에서 살펴본 행동 방안들을 전부 실행한다면 탄소 배출량을 얼마만큼 줄일 수 있을까? 다음 페이지에 나오는 도표를 보면 답을 알 수 있을 것이다. 도표에 있는 곡선을 보면 x량만큼 탄소 배출량을 감축시키기 위해 최소

탄소 배출량 감축에 따른 격차 비용 곡선

비용의 행동 방안들을 실행할 때 최대로 y의 비용이 든다는 것을 알 수 있다. 여기서 비용 y를 탄소 가격 내지는 **탄소세**라고 부른다. 경제학자들은 여기에 있는 곡선을 '탄소 배출량 감축에 따른 격차 비용 곡선'이라고 부르는데, 이 곡선은 감축량이 x톤에서 x+1톤으로 움직이면 그 차이에 해당하는 y유로를 지불해야 함을 보여 주고 있다.

기후 정책이 효과적으로 실행될 수 있을까?

이로써 우리는 강력한 원칙을 세워 놓은 셈이다. 이제 이 원칙에 따라 행동 방안을 선택하고 그것을 실행하는 일만 남았다. 만일 경제를 이끌어 가는 전지전능한 신이 있다면 그가 적절한 조치를 취하라고 지시함으로써 모든 게 해결될 것이다. 그러나 이처럼 모든 결정이 위에서 이뤄진다는 것은 분명히 꿈같은 일이다. 실제로 경제에는 경제 주체, 결정의 핵심, 기술, 재화의 수 등 매우 다양한 변수가 있다. 그 누구도 무엇이 가장 중요한지 마음대로 판단할 수 없으며, 그것을 강요한다는 것은 더욱더 불가능하다.

다행히 배출권 시장에서는 이러한 방안을 실행하기 위한 길이 자연스럽게 열려 있다. 경제 활동을 하는 각각의 주체들이 방출된 탄소 1톤마다 그에 따른 비용을 내도록 하는 것이다. 일종의 세금으로 탄소세를 부과하는 것이다. 앞에서 나온 도표대로라면 탄소세를 탄소 배출량 감축 비용과 똑같이 생각해야 한다. 하지만 탄소 배출량 감축 비용이 탄소 가격 또는 탄소세보다 낮을 경우에 각 주체는 탄소를 배출시키는 데에 따르는 비용을 내는 것보다 탄소 배출량을 줄이는 데 비용을 쓰는 것이 더 낫다는 것을 깨닫게 될 것이다. 그렇게 해서 이상적인 절차가 생겨나고 실행된다면 그것은 신이 지시한 것과 비슷할 정도로 뛰어난 효과를 가져올 것이다.

그러나 정말로 이런 정책이 효과적으로 실현될 것이라고 생각하기에는 이 모든 과정이 지나치게 단순하다. 감축량을 결정하여 탄소 배출량을 제한하려는 정부의 정책과, 이와는 반대로 생산을 장려하는 정책 사이의 균형이 그나마 문제를 덮어 주고 있다. 경제 정책은 하나의 행동 방안만 따를 수 없다. 한편으로는 탄소의 배출을 금지시키고 제한하는 동시에, 다른 한편으로는 탄소를 배출할 수밖에 없는 산업체들의 세금을 지원해 주어야 하는 것이다. 실제로 많은 조치들이 탄소 배출량 조절과 가격 조절을 반반씩 혼합하고 있다.

이처럼 경제 정책을 결정하는 것은 쉽지 않은 일이며, 앞에서 본 단순한 도표 이상의 것이 필요하다. 최선의 방법이 있기는 하지만 그것을 실천하는 데는 한계가 있다는 것을 받아들여야 경제 정책을 구체적으로 세울 수 있다. 결국 경제 정책은 최선이 아닌 차선책으로부터 나오게 되는 것이다.

3

온실 효과를 막는 것이
왜 어려울까?

감축 비용의 수치를 예상할 수 있을까?

탄소 배출량 감축 비용에 대한 정보는 어떻게 얻을 수 있을까? 탄소 배출량을 줄이는 행동 방안들을 세부적으로 조사할수는 있지만 모든 경제 주체와 각 분야에 걸친 해결책들을 전부 늘어놓는 건 불가능하다. 또한 전부 알아낸다고 하더라도그것이 처음부터 끝까지 한결같지도 않을 것이다. 결국 더욱전체적이고 종합적인 평가 방법이 필요하다.

이와 같은 이유로 우리는 경제 모델*을 만들어 더 효과적인

● ● ●

경제 모델 가계나 기업 등의 경제적 기능을 체계적으로 파악하기 위한 모형이다.
경제 변수 사이의 관계를 일련의 수식으로 나타낸다. 경제 구조의 일반적인 골격
을 말하는 뜻으로도 쓰인다.

방법을 얻고자 한다. 경제 모델도 기후 모델처럼 분석할 대상을 수학적인 식으로 표현하며, 이전에 관찰되었던 자료들을 이용한다. 석유 파동과 같은 일련의 사건으로 인해 에너지 가격이 상승한 결과와 기술적 적응, 그에 따른 경제적 비용 등을 알 수 있게 되는 것이다. 이러한 경제 모델들은 여러 통계 자료를 통해 얻을 수 있는 정보를 모두 찾아내며, 그 정보를 평가의 기준으로 삼는다.

아래에 있는 도표는 몇몇 국가들의 탄소 배출량 감축에 따른 격차 비용 곡선이다. 이들 국가의 비용은 미국 매사추세츠 공과 대학이 개발한 모델을 이용해서 계산되었으며, 교토 의정

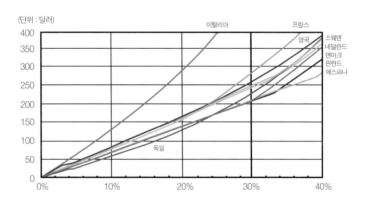

각 국가별 탄소 배출량 감축에 따른 격차 비용 곡선

서가 목표 기한으로 정한 2010년까지의 결과가 나와 있다. 가로 좌표는 감축된 양이 아니라 초기 배출량에 비해 감축된 비율이며 세로 좌표는 격차 비용 혹은 탄소세를 나타낸다. 도표에 의하면 관련 국가들이 탄소 배출량을 30퍼센트씩 줄일 경우 거기에 들어갈 최대 투자 비용은 감축된 탄소 1톤당 200~300달러 사이다.

기후 정책의 비용을 헤아리기 위해 실시한 경제 모델은 이처럼 구체적인 해답을 가져다준다. 그러나 이것 역시 한 가지 해답만 있는 것은 아니며, 그 해답이 확실한 것도 아니다. 경제 모델은 상황에 따라 여러 가지 방식으로 접근할 수 있으며 그에 따라 다양한 경우가 생기기 때문이다. 또한 연구소 및 행정 부처 등 각 경제 모델을 개발하고 사용하는 주체가 다양하기 때문에 그 종류도 셀 수 없이 많다.

이와 마찬가지로 경제 모델을 만들어 내는 데 사용되는 세부 사항과 관점도 매우 다양하다. 우리는 경제 모델의 수만큼이나 다양한 결과를 얻을 수 있다. 예를 들어 최근 우리가 만들어 낸 10가지 경제 모델들은 교토 의정서가 규정한 목표를 달성하기 위해 미국이 지불해야 하는 탄소 가격을 130~260달러 정도로 계산하면 평균 탄소 가격이 195달러가 될 것이라고 예측한다. 미국 매사추세츠 공과 대학에서 만든 경제 모델의 예측도 이와 비슷하다. 이처럼 비용의 범위가 넓고 확실하지 않다는 것은 실행에 옮겨질 경제적인 방안이나 목표로 해야 할 감축량도 불확실하다는 뜻이다. 게다가 탄소 배출량이 자연스럽게 증가할 수도 있기 때문에 2010년이 되어도 1990년도 수준만큼 그 양을 줄이기 위해 애써야 할지 모른다.

경제 모델에 따른 비용 수치가 과연 적당할까?

경제 모델에 따른 감축 비용의 평균 수치에 대해서는 상반된 두 가지 의견이 있다. 한쪽은 너무나 비관적이며, 다른 한쪽은 너무나 낙관적이다. 왜 이렇게 상반된 의견이 나오게 된 것일까?

첫 번째 의견은 환경 보호 정책을 강하게 지지하는 사람들이 흔히 말하는 **이중 배당금**과 관련이 있다. 이들은 이산화탄소 배출이 적고 비용도 적게 드는 장비가 있을 것이며, 그런 장비들을 마련하면 일석이조의 효과를 얻을 수 있다고 보았다. 이것이 바로 이중 배당금에 해당된다. 또한 이들은 기후 정책 같은 환경 보호 정책에 의해 탄소세 제도가 만들어질 것이며, 그것이 경제 활동을 제한하는 다른 세금 제도를 대신할 수 있을 것이라고 주장했다. 다시 말해서 탄소 배출량도 줄이고 더 많은 경제 활동도 누릴 수 있다는 것이다.

그러나 앞서 나온 '각 국가별 탄소 배출량 감축에 따른 격차 비용 곡선'을 보면 초기 행동 방안에 들어가는 비용이 매우 적어서 거의 0에 가깝다. 그러나 0 이하로 떨어지지는 않기 때문에 비용이 전혀 들지 않는다고 말할 수는 없다. 즉 이중 배당금의 존재가 불확실해지는 것이다.

결국 위에서 제시한 주장은 문제를 너무 과대평가하고 있는 것인지도 모른다. 공해가 적고 비용도 적게 드는 설비를 위해 기존의 장비들을 모두 처분해도 좋을까? 그것이 반드시 더 경제적인 방법은 아닐 것이다. 세금 제도도 마찬가지다. 이들의 주장대로 좀 더 효율적인 세금 제도가 있다면 왜 지금껏 적용되지 않았겠는가?

따라서 이들의 주장이 힘을 발휘하려면 앞의 도표에서 제안하는 것보다 훨씬 큰 규모의 이중 배당금이 있어야 한다. 세금 제도 또한 더 효과적인 개혁이 필요할 것이다.

이 주장에 대한 반대 의견 중 하나는 경제 모델에 따른 예상 비용 수치가 너무 낙관적이라는 것이다. 1차 석유 파동과 같이 경제 주체들이 예상하지 못한 변화에 드는 비용은 미리 예상한 비용의 경우보다 훨씬 높았다. 예상 비용이란 경제에 충격을 주지 않는 상황을 전제로 정해져야 하는 것임에도 불구하고, 제 역할을 하지 못했던 것이다.

산업이 크게 발달함에 따라 오늘날의 경제 주체들은 각각 이산화탄소를 배출할 권리를 지니게 되었다. 때로는 겉으로 분명히 드러나지만 때로는 스스로도 모르는 사이에 말이다. 자동차가 내뿜는 이산화탄소에 대해서는 책임지지 않은 채 자동차를 이용하는 것도 그와 같은 권리를 누리는 것이라고 할 수 있다. 프랑스 전력청°은 전기를 생산하기 위해 발전소에서 천연가스와 석탄을 태울 수 있으며, 철강 산업은 강철을 생산하기 위해 이산화탄소를 대기에 배출할 수 있다.

이런 권리들은 대기 중 탄소 배출량을 규제하는 기후 정책에 의해 제한될 수 있다. 그러나 이 권리들은 각기 다양한 상황에서 비롯되기 때문에 똑같은 문제로 취급해서는 안 된다. 공해에서 벗어나기 위한 정부의 조치를 따르다 보면 기업은 실적이 줄어들고 손해를 볼 수도 있다. 정부가 기업을 지원하는 것은 그러한 손해를 보상해 줌과 동시에 그 기업이 가지고 있는

● ● ●

프랑스 전력청(EDF) 프랑스의 유일한 전력 회사다. 1946년에 국유화된 프랑스의 모든 전기 산업을 경영하기 위해 설립되었다.

생산에 대한 권리를 사들이는 것과 같다. 반대로 배출량에 대해 세금을 부과하는 것은 기업이 탄소를 배출할 권리가 있음을 공식적으로 인정하는 격이 된다.

결국 환경 정책이 실제로 이루어지려면 기업이 자신의 권리를 나라에 넘겨주어야 한다. 그러한 과정은 단계적으로 조금씩 이루어져야 할 것이다. 그것이 지금까지 언급된 경제적 비용을 감소시키기 위한 전제 조건이다.

교토 의정서가 요구하는 비용은 얼마나 될까?

이제 본론으로 들어가서 교토 의정서에 대해 더 자세히 이야기해 보자. 교토 의정서에 따르면 미국은 2010년까지 탄소 배출량을 1990년 수준보다 5퍼센트 이상 낮추어야 했다. 기존 모델로 계산된 목표에 따른 감축 비용은 탄소 1톤당 대략 200달러 선이었다. 만약 감축 비용을 0달러부터 200달러 사이에 골고루 나눌 수 있다면 평균 감축 비용은 1톤당 100달러가 된다.

이 수치를 기준으로 평범한 미국 국민 한 명의 경우를 살펴보도록 하자. 미국인 한 명은 매년 대기 중에 6톤의 탄소를 배출한다. 그렇다면 교토 의정서는 그에게 1.5톤, 즉 위의 계산이 정확하다면 매년 150달러의 감축 비용을 요구할 것이다. 그의 한 해 수입이 35,000달러라면 그 비용은 매년 수입의 0.5퍼센트 미만이 된다.

아주 간단한 계산이지만 이것이 얼마나 큰 규모인지 알 수 있다. 즉 감축 비용이 국민 총생산의 수십 분의 1퍼센트부터 1퍼센트 이상이 될 수 있다는 결과가 나온 것이다.

미국이 감축 목표를 실행한다고 했을 때, 교토 의정서가 미국 국민 한 명에게 요구하는 비용이 국가에서 지불된다는 조건으로 계산해 보았다. 앞에서도 말했지만 교토 의정서에 의하면 한 국가가 정해진 양보다 탄소를 많이 배출했을 때 정해진 양보다 많이 감축한 나라로부터 배출권을 사들일 수 있다. 이 배출권 시장 덕분에 교토 의정서가 보통 미국 국민에게 부과한 비용은 앞서 계산한 비용보다 줄어들게 될 것이다.

몇몇 모의실험을 통해 알 수 있듯이 세계 시장의 탄소 가격이 1톤당 100달러로 결정된다면 미국은 100달러 미만의 비용을 들여 감축을 실행할 것이고 그에 따라 배출권을 사들일 수 있는 입장이 될 것이다. 그러면 미국 국민이 지불하는 비용도 이전에 계산한 결과보다 30퍼센트 정도 감소하게 된다. 몇몇 환경 단체가 강렬히 비난한 것처럼 미국인들은 배출권 시장을 상업적으로 이용하기 위해 여기저기 알릴 것이고, 결국 그 시장에서 혜택을 보게 될 것이다.

다른 나라들이 미국의 제안을 받아들였다고 해서 이를 무분별한 동조라고 말할 수는 없다. 배출권 시장에서 배출권을 구입하는 국가와 배출권을 판매하는 국가가 감축량을 추가로 늘리면서 거기에 들이는 비용보다 감축해서 버는 비용이 더 크기 때문에 배출권 시장은 구입자나 판매자 서로에게 이득인 것이다.

비용 분배와 자연적 배출량 증가를 따져 볼 때 초기 교토 의정서의 전체 비용은 배출권 시장으로 인해 20~40퍼센트 정도 줄어들 것이다. 그렇다면 왜 일부 사람들은 이 배출권 시장을 비판하는 것일까? 이 질문에 대해서는 뒤에서 다시 다룰 것이다. 지금 여기에서는 배출권 시장이 제대로 운영되면 환경을 보호하는 동시에 교토 의정서의 전체 비용도 감소할 것이라는 점만 알고 넘어가자. 배출권 시장으로 인해 감축 비용이 최대에서 최소로 바뀌는 것이다.

교토 의정서는 어떤 문제를 발생시킬까?

미국이 탈퇴하고 러시아가 동의할 경우, 교토 의정서를 실행할 때 드는 비용은 얼마나 될까? 이 질문에 대해서는 초기 교토 의정서의 경우보다 더 대답하기 어렵다. 미국이 협약에서 탈퇴함으로써 교토 의정서는 폐기될 위험에까지 처했기 때문이다. 미국이 구입할 배출권의 수요가 줄어들면서 자연히 탄소 가격도 많이 떨어지게 되었다. 사실 러시아는 화석 에너지가 필요한 산업의 일부가 붕괴되면서 이산화탄소 배출량이 크게 감소했기 때문에 국제 시장에 배출권을 가장 많이 내놓을 수 있는 입장이 되었다. 배출권 공급이 늘면 배출권 가격이 매우 낮아질 수 있다. 하지만 러시아가 자신들의 입장을 최대한 이용하고 그에 따라 배출권 공급을 제한한다면 탄소의 가격은 1톤당 30유로가 될 수도 있을 것이다.

그렇다면 여기서 유럽은 어떤 이익을 얻게 되는 것일까? 유럽 위원회는 몇몇 기업체들을 포함시켜 유럽 배출권 시장을 형성하려는 계획을 가지고 있다. 국제 배출권 시장과 유럽 배출권 시장이 어떻게 연결될지, 회원국들이 어떠한 내부 정책을 실행할지 아직 정확히 알 수 없기 때문에 각 나라가 부담해야할 총비용과 국제 탄소 가격을 예측하기도 무척 어렵다. 하지만 배출권 시장 덕분에 각 나라가 부담해야 할 비용은 훨씬 줄어들 것으로 보인다. 예상과 달리 미국의 탈퇴가 다른 나라의 부담을 덜어 주는 결과를 가져온 것이다.

그러나 한 가지 중요한 문제점이 있다. 바로 환경 정책으로 인해 생겨날 수 있는 경쟁력 문제다. 즉 탄소를 배출시킴으로 인해 세금을 내야 하는 프랑스 기업들이 탄소세를 내지 않는 미국의 경쟁 업체보다 힘든 처지에 놓일 수 있다는 말이다. 상황이 어려워짐에 따라 프랑스 기업들이 탄소세를 내지 않아도 되는 미국으로 그 생산지를 옮기게 되면 그로 인해 프랑스 경제가 침체될 수도 있다. 탄소 가격이 1톤당 50유로 이하일 때는 그다지 영향을 미치지 못하겠지만 가격이 올라간다면 문제가 심각해질 수 있다.

여기서 우리는 한 가지 중요한 사실을 알 수 있다. 경제가 효율적으로 돌아가려면 공해를 발생시키는 산업도 필요하다는 것이다. 따라서 공해 산업을 너무 부정적으로만 생각해서는 안 된다. 또 하나의 중요한 교훈은 세계 무역 기구˙가 정한 상업 원칙이 기후와 같은 지구 환경의 문제까지 참작하여 수정되어야 한다는 것이다. 이것은 실로 광범위한 주제가 아닐 수 없다.

• • •

세계 무역 기구(WTO) 관세 및 무역에 관한 일반 협정(GATT) 체제를 대신하여 세계 무역 질서를 세우고 우루과이 라운드 협정의 이행을 감시하는 국제 기구다. 관세 무역 일반 협정 체제의 문제점을 해결하고, 이 체제를 다자간 무역 기구로 발전시키는 작업을 추진하기 위해 1995년 1월 1일에 설립되었으며, 스위스 제네바에 위치하고 있다.

기후 정책이 경제 성장에 어떤 영향을 미칠까?

우리는 교토 의정서의 초기 방안에서 국민 총생산의 수십분의 1퍼센트에 해당하던 엄청난 비용이 배출권 시장 덕분에 크게 감소되었으며, 현재의 교토 의정서 협약을 통해서는 그보다 더욱 감소될 것임을 알 수 있다. 이 예상 수치는 정확한 것도 완벽한 것도 아니지만 어느 정도 믿을 수 있는 근거를 가지고 있다.

그렇다면 교토 의정서에 들어가는 이 비용이 크다고 볼 수 있을까? 사실 이렇게 계산된 세금의 규모는 크지도 않고 적지도 않다. 적어도 기후 정책이 단기적인 성장률을 바꿔 놓지 않는다면 말이다. 이것은 절대 허황된 가정이 아니다. 기후 정책으로 인한 탈탄소화가 진행된다고 해서 경제 발전에 큰 타격을 줄 것으로 보이지는 않기 때문이다. 만약 경제 성장에 타격을 준다고 해도 생산량이 며칠간 줄어들고 경제 발전이 몇 달간 미뤄질 뿐이다. 물론 이 비용 수치를 거론할 때는 교토 의정서로 인해 대기 중 온실 기체 농도의 증가 속도가 느려지는 것도 함께 고려되어야 한다.

온실 효과를 억제할 다른 방법은 없을까?

경제 개발을 위한 잠재적인 능력과 기후 정책은 실제로 어떤 관계가 있을까? 기술적인 해결 방안을 마련하기 위해서는 교토 의정서의 범위를 넘어서 더 넓게 사고해야 한다. 가령 대기 중에 있는 온실 기체 농도를 안정시키기 위해서는 21세기 중엽까지 탄소 배출량을 현재의 50퍼센트 정도로 낮추어야 한다. 이것은 오늘날 우리가 할 수 있는 것과 개발도상국들의 잠재적인 성장을 생각해 보았을 때 대단히 야심 찬 목표다. 이 목표를 달성하려면 우리의 생활 방식이 완전히 변하거나 근본적인 기술 혁신이 일어나야 한다. 생활 방식을 근본적으로 변화시키기는 힘들지만 기술적인 해결 방안은 몇 가지가 있다.

우선 광전지* 분야의 지속적인 발전이 있다. 비록 경제적으로 효과가 있는 해결 방안은 아니지만 태양 에너지는 우주로부터 무한정 제공받을 수 있는 것이기 때문에 우리에게 새로운

●●●

광전지 광전 효과를 이용하여 빛 에너지를 전류, 즉 전기 에너지로 바꾸는 장치를 말한다. 금속과 반도체의 접촉이나 반도체의 pn 접합을 이용한 것이다. 그러나 빛 에너지를 전기 에너지로 바꾸는 비율은 매우 낮다.

미래를 열어 줄 수도 있다.

두 번째는 탄소를 떼어 놓는 방법이다. 즉 이산화탄소를 거두어들여 대기로 다시 배출되지 못하게 하는 것이다. 이에 관련된 연구는 이미 진행 중이며, 그 결과를 기대하고 있다.

또한 온실 효과에 따른 문제를 해결하는 방안으로 원자력이 다시 부상하고 있음을 부인할 수 없다. 더 안전하고 철저하게 통제만 된다면 원자력은 탄소를 만들어 내지 않는 에너지원에 대한 해답이 될 수도 있다. 그러나 현재 우라늄˙ 보유량으로 볼 때 기존의 원자력 또한 몇십 년 안에 한계에 이를 것이다. 따라서 안전성 문제를 개선하여 새로운 형태의 발전기나 핵융합 쪽으로 시선을 돌려야 할 것이다.

수소 전지에 대한 방안도 있다. 수소는 화석 연료 대신 사용할 수 있으며, 특히 자동차의 새로운 에너지원이 될 수 있다. 그러나 수소를 만들 때 또다시 탄소가 방출되는 문제가 야기될 수 있으므로 결국 앞에서 말한 세 가지 방법을 연구하는 것이 나을 수도 있다.

● ● ●

우라늄 천연에서 존재하는 원소 중 가장 무거운 방사성 원소의 하나다. 철과 비슷한 은백색의 결정성 금속 원소로, 원자 폭탄, 원자로 등 원자력의 이용에 필요한 중요한 원료이며, 라듐의 모체이다.

수소 전지는 특히 자동차의 새로운 에너지원이 될 수 있지만
수소를 만들 때 또다시 탄소가 방출되는 문제를 야기한다.

온실 기체 농도를 안정시키기 위한 기후 정책으로 인해 앞으로 얼마의 비용이 들 것인지 예측하는 것은 현재의 비용을 가늠하는 것보다 더 어렵다. 게다가 어떤 방안들을 구상해야 할지도 분명하지 않다. 우리는 과연 더 나은 해결 방안을 찾을 수 있을까? 그렇게 찾아낸 해결 방안들이 정말로 경제 개발을 늦출 수도 있을까? 그것은 확신할 수 없다. 그러나 그로 인해 새로운 기술 혁신이 일어날 수도 있다.

4

온실 효과를 막기 위한
국제 협력이 가능할까?

교토 의정서는 과연 최선의 방안인가?

　기후 정책에 따른 비용 문제는 또 다른 많은 문제들을 내포하고 있다. 우선 교토 의정서가 대기 중 온실 기체의 농도 상승을 막는 데 있어 가장 적합한 해답인지 생각해 볼 필요가 있다.

　교토 의정서의 초기 방안은 개선할 수 있는 여지가 있었지만 기후 정책의 국제적인 협력을 위해 일관적인 입장을 고수하였다. 그 초기 방안이 실현되었다면 이산화탄소 농도는 2ppmv 정도가 줄었을 것이다.

　우리는 이 내용을 토대로 하여 더 흥미 있는 토론을 할 수도 있다. 주로 비용 분석과 관련된 주제를 가지고 토론하겠지만 이 책에서 소개되지 않은 다른 요소들도 많이 언급될 것이다. 일단은 교토 의정서의 두 번째 방안이 비용은 덜 들지만 그만큼 결과에 대한 만족도 역시 감소할 것이라는 점만 기억해 두자.

기후 정책의 실행에 관해서는 간략하게 다루었다. 앞에서 소개되었던 예상 비용 수치들은 정책이 능률적으로 실행된다는 것을 바탕으로 한 것이다. 앞으로 더 효과적인 방안을 얻기 위해서는 정책을 운용하는 방식과 그것이 다양하게 적용되는 분야에 대해 더욱 깊이 있게 논의해야 할 것이다.

교토 의정서는 무엇을 보완해야 할까?

교토 의정서의 미래에 관해서는 두 가지 의문이 제기될 수 있을 것이다. 교토 의정서는 과연 성공을 거둘 수 있을까? 또 교토 의정서는 미래를 위해 어떤 점을 보완해야 할까?

먼저 두 번째 질문에 간략하게 대답하자면, 교토 의정서의 이후 정책은 선진국 대열에 들어서기 위해 부단히 노력하고 있는 개발도상국에 큰 초점을 맞추고 있다. 즉 현재 교토 의정서에 포함되지 않은 개발도상국의 탄소 배출량이 2020~2030년 사이에 선진국의 배출량을 넘어설 것이라고 예측하고 있는 것이다. 따라서 앞으로 개발도상국의 참여가 없다면 교토 의정서가 제시하는 기후 정책의 의미가 사라질 것이 뻔하다.

우리가 부딪힐 수밖에 없는 문제 중 하나는 일부 개발도상국이 개발을 방해하는 환경 정책을 거부할 수도 있다는 것이다. 현재의 선진국들도 과거에는 아무런 제약을 받지 않았기 때문이다. 좀 더 구체적으로 이야기하자면 미국인보다 이산화탄소를 15배나 적게 배출하는 인도인의 입장에서는 기후 정책 때문에 돈을 내는 것을 당연히 거절할 수 있다.

이처럼 서로 대립되는 두 경우를 절충시키고 개발도상국과 선진국의 협력을 이끌어 낼 수 있는 방안은 없을까? 프랑스 경제 분석 위원회에서 발표한 「교토 의정서와 온실 효과 경제」라는 제목의 보고서에서는 기술적인 해결 방안과 성공적인 타협을 위해 필요한 정책의 조건에 대해서 간략하게 싣고 있다. 이 보고서를 보면 특정한 경우에 어떤 타협이 가능한지 기초적이면서도 기술적인 해결 방안들을 얻을 수 있을 것이다. 지속 가능한 정책 개발이 요구되고 있는 만큼 이러한 타협은 반드시 필요하다.

교토 의정서는 성공할 수 있을까?

과연 교토 의정서가 성공할 수 있을까? 교토 의정서의 가장 큰 특징은 전 세계적인 온실 기체 감축 목표와 국제 배출권 시장을 결합시킨 것이다. 배출권 시장은 우리가 앞서 강조했던 장점들을 지니고 있다. 즉 국가간 서로의 상황에 따라 감축해야 할 배출량을 사고팔 수 있다는 것이다.

한때 환경 운동가들은 배출권 시장에 대해 의심의 눈초리를 보냈다. 그중에 그냥 지나칠 수 없는 몇 가지 이유가 있다. 우선 이런 새로운 종류의 시장이 제대로 운영될 것이라고 확신할 수가 없다는 점이다. 또 성급하게 대체 에너지 연구를 부추기는 결과를 가져올 수도 있다고 보았다. 지나치게 상업적인 해결 방안이라는 것도 환경 운동가들에게는 탐탁지 않은 이유였다.

환경 운동가들의 이러한 생각은 여러 공해 국가들과 그들의 대표격이라고 할 수 있는 미국이 자국의 이익만을 추구할 것이 아니라 지구 환경에 대한 의무를 다하고 대가를 지불해야 한다는 신념이 크게 반영된 것이다. 이러한 생각은 존중할 만한 것이지만 잘못된 결론으로 나아가서는 안 된다. 우선 우리가 살고 있는 세계의 복잡한 경제 원칙을 모두 바꾸기 전에는 배출권 시장 같은 대책 방안이 그나마 가장 효과적인 해결 방안이 될 것이다. 즉 배출권 시장은 경제적인 이유로 보나 환경적인 이유로 보나 꼭 필요한 방안인 것이다.

공해 국가들의 책임을 묻는 것 또한 그것이 윤리적으로 마

땅하다고 하더라도 상황을 전혀 고려하지 않은 채 원칙만을 강요할 수는 없다. 여기에서 말하는 상황이란 모든 국가에 대해 강제적인 권한을 행사할 수 없는 상황을 의미한다. 결국 협의에 의해 마련된 정책들이 미국을 비롯한 관련 국가들 모두에게 인정받을 수 있어야 한다.

우리는 위에서 언급된 두 의견을 결합하여 더 나은 방안을 만들어 낼 수도 있다. 배출권 시장은 국가간 힘의 관계에 영향을 주지 않는다. 그러나 정해진 힘의 관계 안에서 비용을 낮춤으로써 공해 국가에 배정되는 목표 감축량을 증가시킬 수 있을 것이다.

교토 의정서의 또 다른 특징은 세계적인 감축량 목표가 고정되어 있어 자유롭게 조절할 수 없다는 것이다. 그럼으로 인해 너무 유연성이 없다는 의견이 분분하다. 이 경우 감축 비용에 대한 정확한 수치를 알 수 없기 때문에 고정적으로 정해진 목표량을 달성하기가 어렵거나 반대로 너무 쉬울 수 있다. 이 점에 대해서는 더 깊이 생각해 볼 필요가 있다.

이와 같이 우리는 적절한 안전장치들을 마련함으로써 교토 의정서 체제를 개선할 수 있을 것이다. 배출권 시장이 지켜야 하는 최저 가격 등을 정하는 방식으로 말이다. 그러나 이런 방안이 정말로 실행되려면 다른 여러 기관에서도 엄청난 혁신이 일어나야 할 것이다.

미래의 기후 정책은 어떠해야 할까?

끝으로 결코 단순한 문제는 아니지만 교토 의정서의 내용을 완전히 수정해야 하는가, 아니면 호환성을 가진 교토 의정서로 개선해야 하는가에 대해 이야기해 보고자 한다.

1990년대 초반, 교토 의정서는 최초의 국제적인 기후 정책으로 야심 찬 대안을 제시했다. 새롭게 등장한 국제 탄소 배출권 시장의 원리는 미래의 기후 정책으로 나아가는 데 하나의 길잡이가 될 것이며, 그런 의미에서 미래의 기후 정책은 교토 의정서와 호환성을 지니게 될 것이다.

지금까지의 내용을 간단한 문답식으로 요약하자면 다음과 같다.

"교토 의정서의 초기 방안들은 미국의 탈퇴와 함께 사라진 것인가?"

"그렇다."

"그렇다면 교토 의정서의 두 번째 협의 내용은 어떻게 될 것인가?"

"아직 그 어떤 것도 확인되지 않았다. 결과는 유럽 인들에게 달려 있을 것이다."

"교토 의정서에 이어서 등장할 미래의 정책들은 희망적이라고 할 수 있는가?"

"왜 아니겠는가! 당연히 희망적이다."

더 읽어 볼 책들

- 이기영, 『지구가 정말 이상하다』(살림, 2005).

- 모집 라티프, 이혜경 옮김, 『기후의 역습』(현암사, 2005).

- 빌 맥키벤, 진우기 옮김, 『자연의 종말』(양문, 2005).

- 실베스트르 위에, 이창희 옮김, 『기후의 반란』(궁리, 2002).

- 윌리엄 K. 스티븐스, 오재호 옮김, 『인간은 기후를 지배할 수 있을까?』(지성사, 2005).

- 장 폴 크루아제, 문신원 옮김, 『사막에 펭귄이? 허풍도 심하시네』(엘피, 2005).

- 토마스 그레델·폴 크루첸, 김경렬·이강웅 옮김, 『기후 변동』(사이언스북스, 1999).

논술·구술 시험은 논리적이고 종합적인 사고를 요구한다. 다음에 제시된 문제는 이 책의 주제와 연관이 있는 논술·구술 기출 문제이다. 이 책을 통하여 습득한 과학적 지식과 원리, 입체적이고 논리적인 접근 방식을 활용하여 스스로 문제에 답해 보자.

▶ 대기 오염에 대해 말해 보라.

▶ 지구 온난화의 원인을 말하고, 본인이 환경부 장관이 된다면 어떻게 대처할 것인지 말해 보라.

옮긴이 | 이수지

숙명여대 불문과 재학 중 프랑스로 유학, 파리 5대학에서 언어학 박사 과정을 수료했다. 현재 전문 번역가로 활동 중이다.

민음 바칼로레아 44

온실 효과, 어떻게 막을까?

2판 1쇄 펴냄 2021년 3월 30일
2판 5쇄 펴냄 2024년 8월 8일

1판 1쇄 펴냄 2006년 9월 7일
1판 2쇄 펴냄 2007년 2월 28일

지은이 | 로제 게느리
감수자 | 이동규
옮긴이 | 이수지
발행인 | 박근섭
펴낸곳 | ㈜민음인

출판등록 | 2009. 10. 8 (제2009-000273호)
주소 | 06027 서울 강남구 도산대로 1길 62 강남출판문화센터 5층
전화 | 영업부 515-2000 **편집부** 3446-8774 **팩시밀리** 515-2007
홈페이지 | minumin.minumsa.com

도서 파본 등의 이유로 반송이 필요할 경우에는 구매처에서 교환하시고
출판사 교환이 필요할 경우에는 아래 주소로 반송 사유를 적어 도서와 함께 보내주세요.
06027 서울 강남구 도산대로 1길 62 강남출판문화센터 6층 민음인 마케팅부

한국어판 © (주)민음인, 2006. Printed in Seoul, Korea
ISBN 979 11-5888-806-0 04000
ISBN 979 11-5888-823-7 04000(set)

㈜민음인은 민음사 출판 그룹의 자회사입니다.